Paroles de Remerciement

PRONONCÉES

A PALMA DE MAYORQUE

(MAI MDCCCLXXXVII)

PAR

CAMILLE LAFORGUE

MONTPELLIER
IMPRIMERIE CENTRALE DU MIDI
(Hamelin Frères)

MDCCCLXXXVIII

PAROLES DE REMERCIEMENT

PRONONCÉES

A PALMA DE MAYORQUE

(Mai MDCCCLXXXVII)

Paroles de Remerciement

PRONONCÉES

A PALMA DE MAYORQUE

(MAI MDCCCLXXXVII)

PAR

CAMILLE LAFORGUE

MONTPELLIER
IMPRIMERIE CENTRALE DU MIDI
(Hamelin Frères)

MDCCCLXXXVIII

PAROLES DE REMERCIEMENT

PRONONCÉES

A PALMA DE MAYORQUE

(MAI MDCCCLXXXVII)

Il est d'usage constant, dans nos réunions littéraires en Languedoc, d'associer la langue française au languedocien. Voilà pourquoi dans une assemblée semblable aux nôtres, et pour me conformer à un usage qui nous est cher, je vous adresse ces quelques mots en français.

Le Félibrige a pour but le relèvement, dans sa gloire d'autrefois, de notre vieille langue maternelle, et, si nous nous sommes consacrés à l'étude de l'idiome de la France du soleil, nous n'avons pas voulu, quoique certains nous l'aient reproché bien à tort, porter atteinte à l'unité nationale, dont nous nous proclamons les soutiens les plus résolus.

Le Félibrige, qui s'est donné la tâche de faire revivre dans un éclat nouveau la langue des troubadours, poursuit un but plus élevé que nos devanciers : il voudrait voir s'élever au-dessus des autres nations la grande famille latine, et c'est la recherche de ce but si grand qui nous a conduits ici. Unissons donc nos efforts, partageons-nous la tâche commune sans trêve ni défaillance, rappelons-nous que nous appartenons tous à la même race, souhaitons que toutes les nationalités latines comprennent la grandeur de cette entreprise, et la confédération des peuples latins sera faite.

Je me réjouis d'être venu, je suis heureux d'avoir pu admirer la splendeur de votre île féconde, je suis fier d'avoir pu serrer la main des savants éminents qu'elle renferme ; je n'oublierai jamais leur accueil, empreint de la plus grande cordialité.

Vous nous avez fait les honneurs de votre ville avec la courtoisie la plus parfaite, avec une attention toujours soutenue. Nous avons pu, grâce à vous, à votre savante direction, admirer les monuments si remarquables de Palma et les beautés intérieures dont ils sont encombrés.

Vous avez procédé avec le plus grand soin à l'organisation de nos excursions. Vous n'avez rien négligé, en un mot, pour rendre notre voyage attrayant.

Permettez-moi, Messieurs et chers Confrères, de formuler un désir en finissant. Je voudrais, et tous les Languedociens voudraient avec moi, vous voir à Montpellier. Nous vous avons fait la première visite, nous attendons la vôtre.

Je vous invite, au nom du Félibrige, aux fêtes qui seront bientôt célébrées à Montpellier, en l'honneur de votre roi Jacme le Conquérant, et à l'occasion de l'érection d'un marbre à sa mémoire, sur le mur de la maison où il est né.

Ce serait pour nous à la fois un grand honneur et une grande satisfaction. Notre voyage aurait porté ses fruits.

Laissez-moi espérer que l'invitation que je vous adresse au nom de nous tous sera entendue, et que vous viendrez, à l'époque indiquée, cimenter par votre présence l'union indissoluble que nous sommes venus chercher ici. Vous trouverez chez nous ce que nous avons trouvé ici, bonne main et cœur ouvert.

En vous remerciant encore une fois, Messieurs et chers Confrères, de votre réception enthousiaste et des attentions de toute sorte dont nous avons été l'objet, je bois à vous tous, à votre île merveilleusement féconde, à votre Palma la belle et la savante, et je vous dis Au revoir à Montpellier.

www.ingramcontent.com/pod-product-compliance
Lightning Source LLC
Chambersburg PA
CBHW060900050426
42453CB00011B/2050